make learning fun
FREE DOWNLOAD!
visit
activitytreasures.com/gift

Alligator

Car

or scan this QR code to get the free PDF

0 (nothing)

zero

1 house

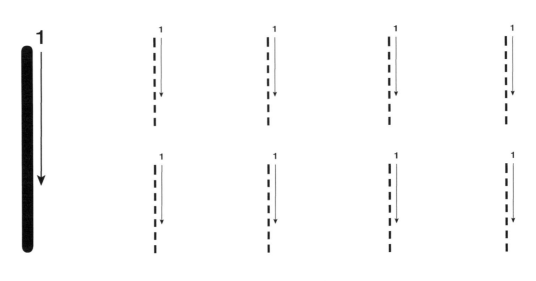

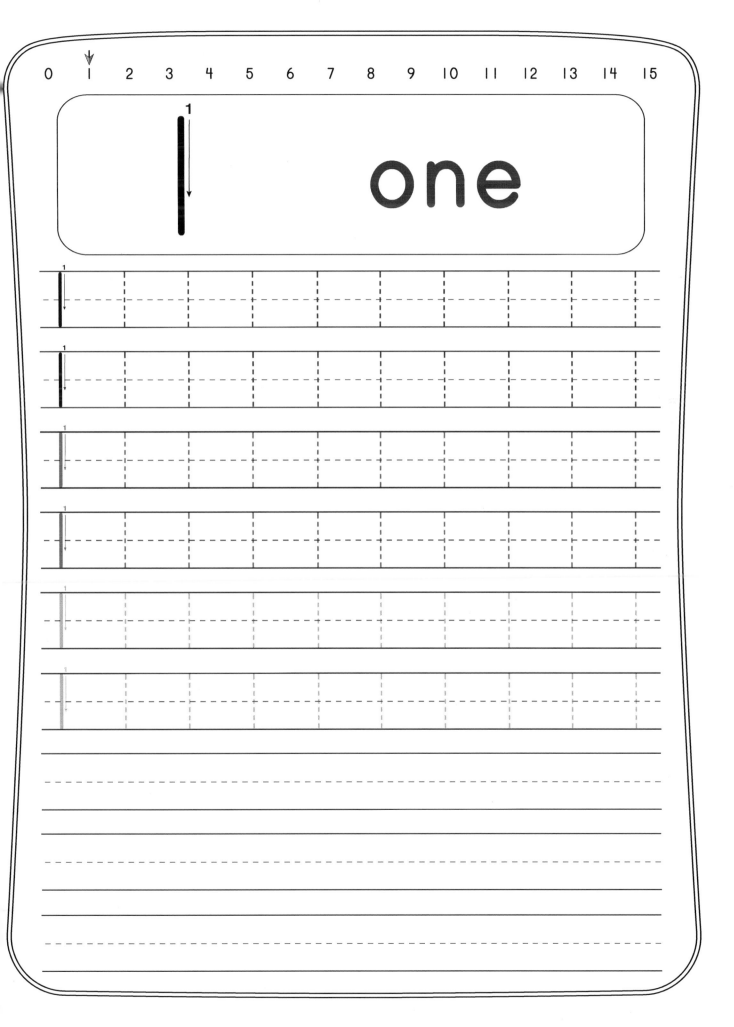

0 1 2 3 4 5 6 7 8 9 10 11 12 13 14 15

2 boats

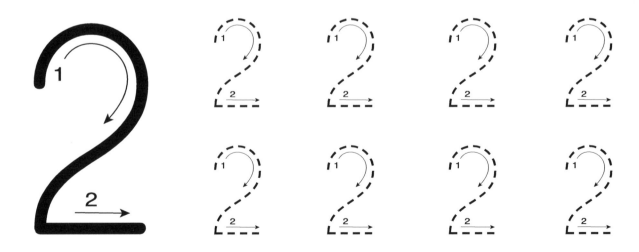

0 1 2 3 4 5 6 7 8 9 10 11 12 13 14 15

2

two

2 2 2 2 2 2 2 2 2 2

2 2 2 2 2 2 2 2 2 2

2 2 2 2 2 2 2 2 2 2

2 2 2 2 2 2 2 2 2 2

2 2 2 2 2 2 2 2 2 2

2 2 2 2 2 2 2 2 2 2

0 1 2 3 4 5 6 7 8 9 10 11 12 13 14 15

3 cars

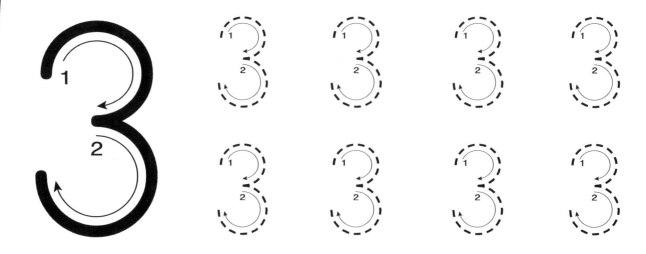

3 three

3 3 3 3 3 3 3 3 3 3

3 3 3 3 3 3 3 3 3 3

3 3 3 3 3 3 3 3 3 3

3 3 3 3 3 3 3 3 3 3

3 3 3 3 3 3 3 3 3 3

3 3 3 3 3 3 3 3 3 3

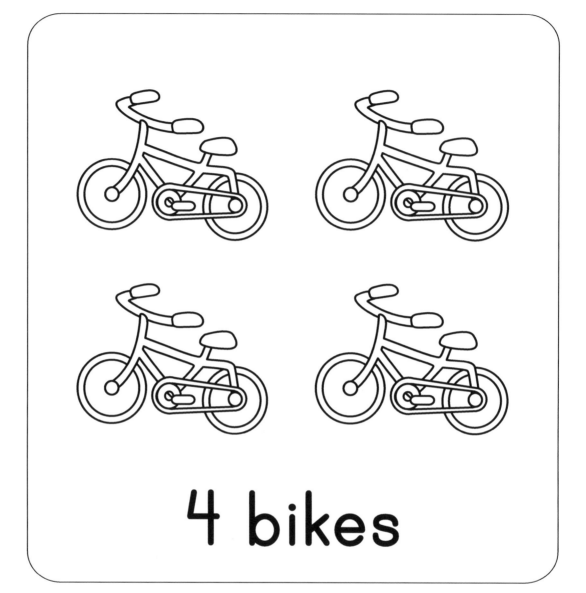

4 bikes

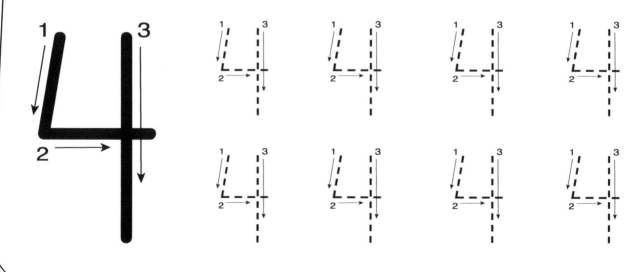

0 1 2 3 4 5 6 7 8 9 10 11 12 13 14 15

5 children

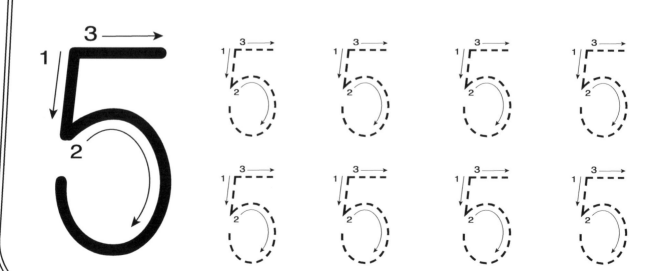

five

0 1 2 3 4 5 6 7 8 9 10 11 12 13 14 15

6 sheeps

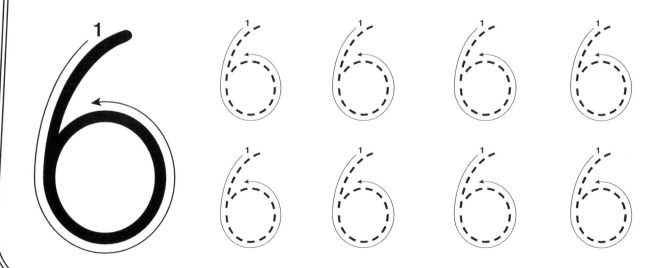

6

six

6   6   6   6   6   6   6   6   6   6

6   6   6   6   6   6   6   6   6   6

6   6   6   6   6   6   6   6   6   6

6   6   6   6   6   6   6   6   6   6

6   6   6   6   6   6   6   6   6   6

6   6   6   6   6   6   6   6   6   6

0 1 2 3 4 5 6 7 8 9 10 11 12 13 14 15

7 backpacks

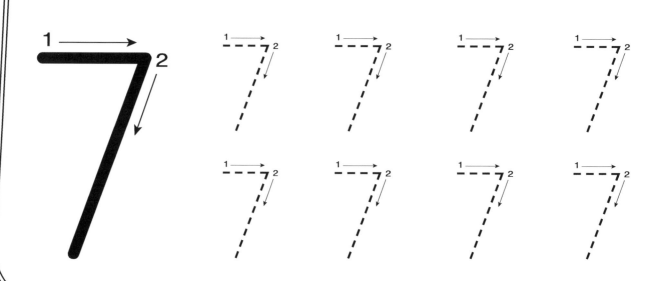

seven

8 dresses

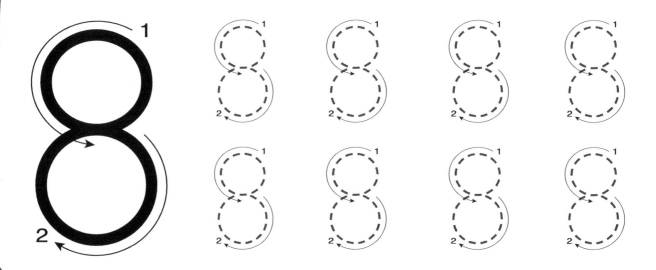

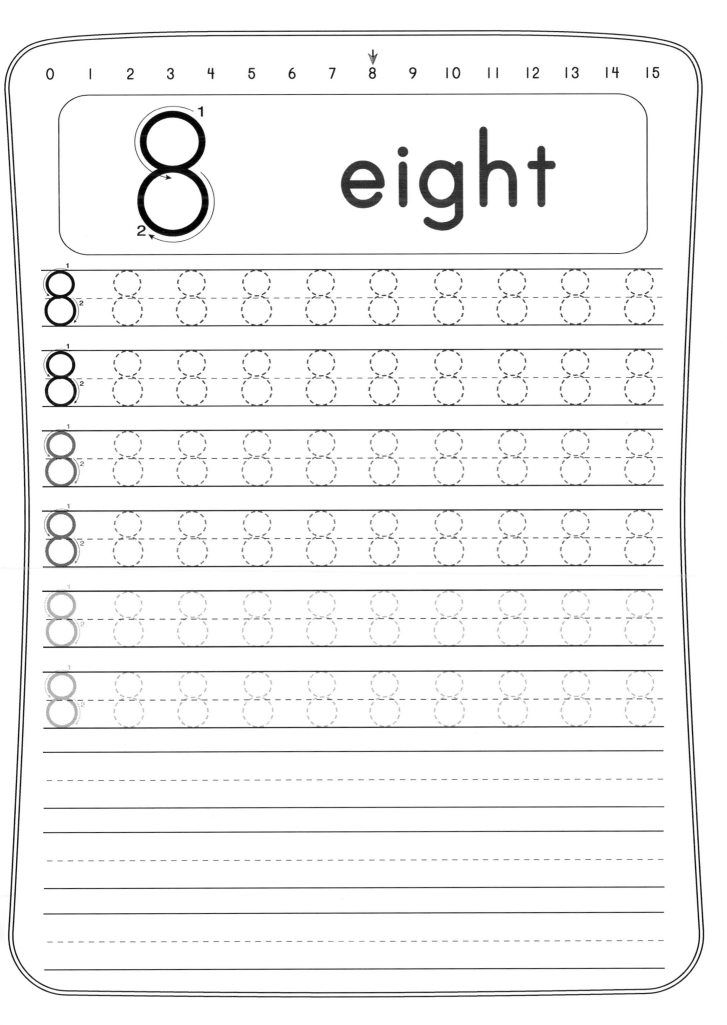

9 pineapples

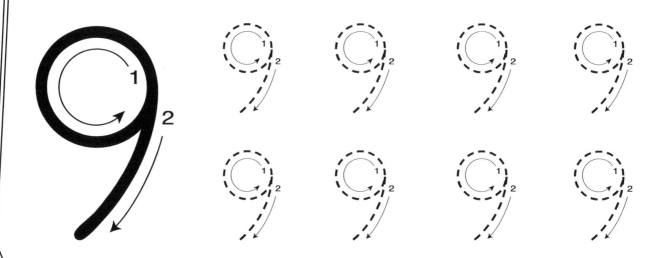

nine

10 dogs

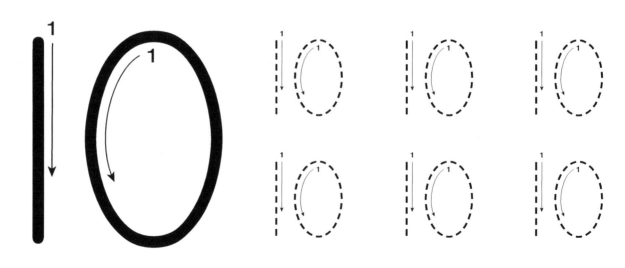

11 shirts

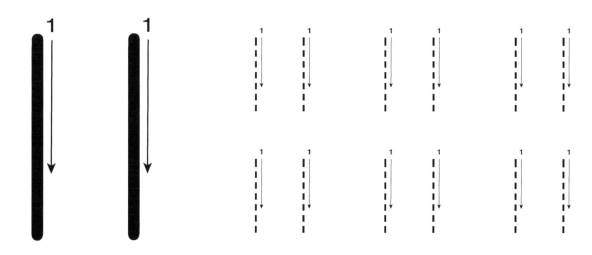

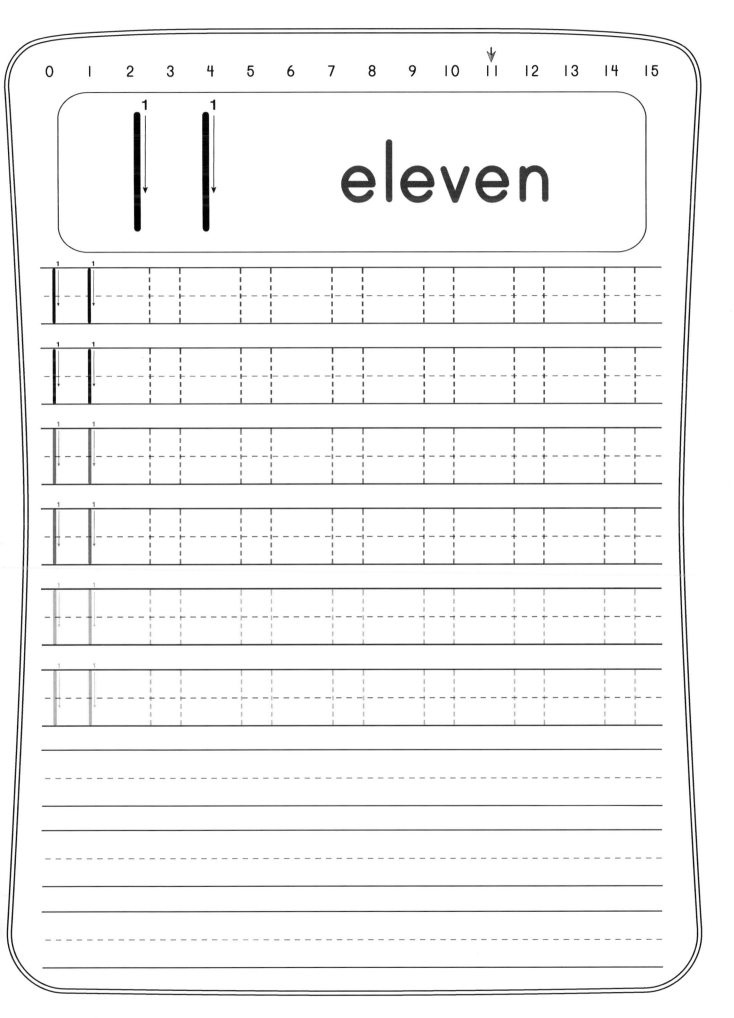

12 chicks

twelve

13 bottles

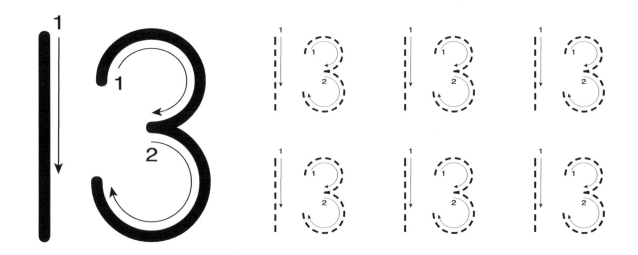

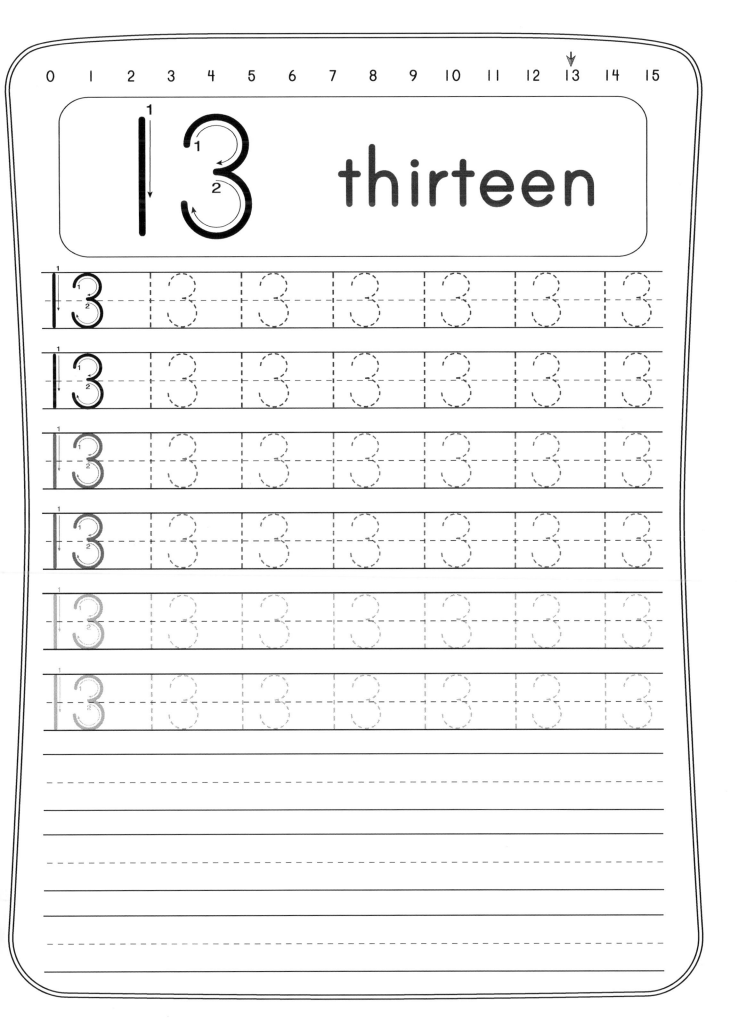

thirteen

14 cupcakes

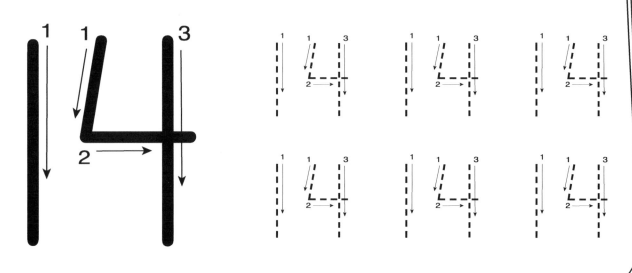

fourteen

15 books

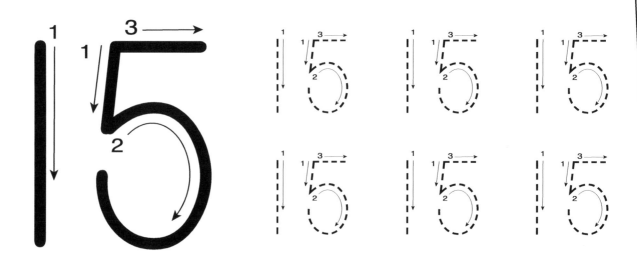

16 flowers

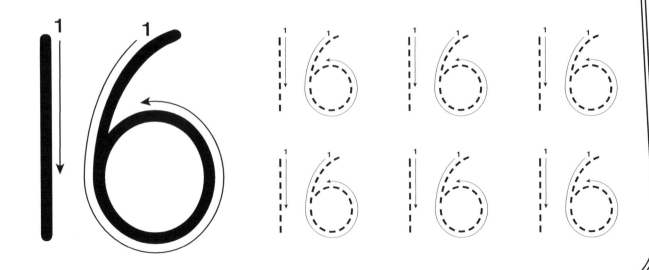

17 apples

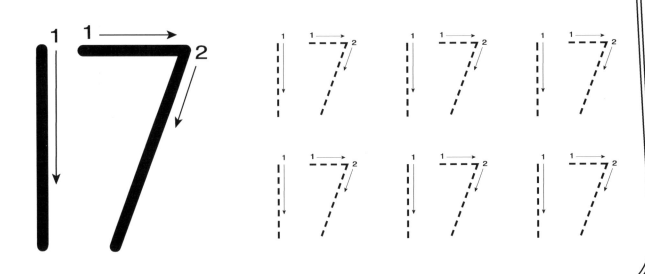

seventeen

18 berries

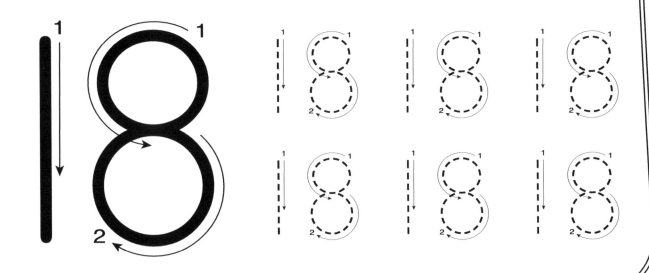

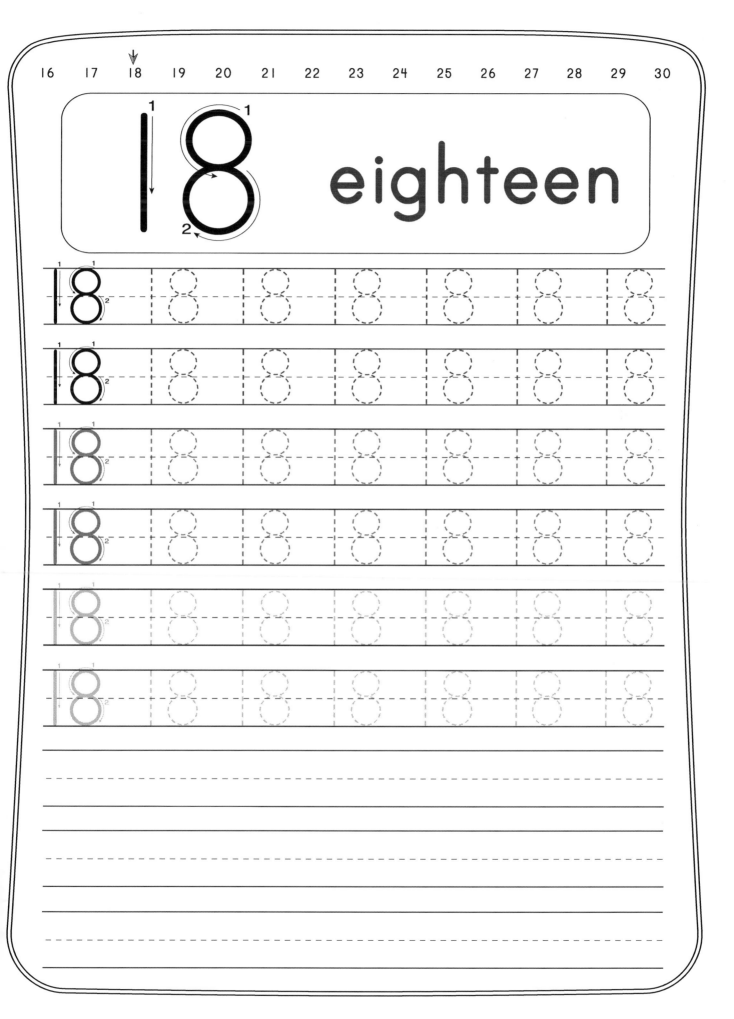

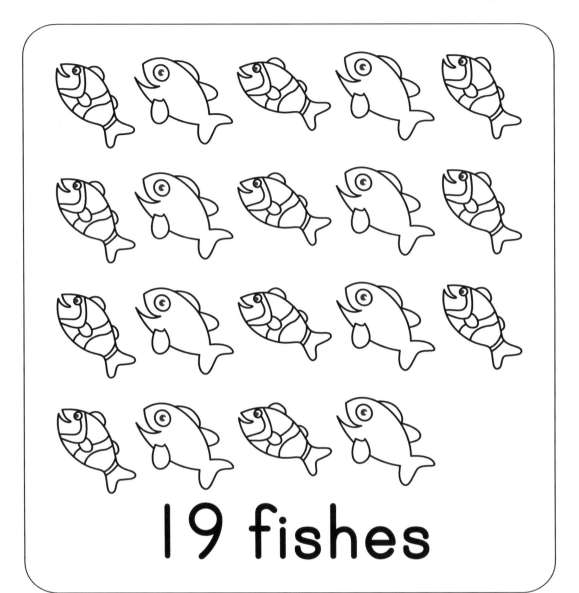

19 fishes

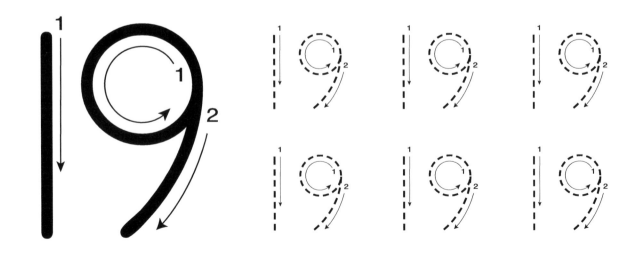

20 mushrooms

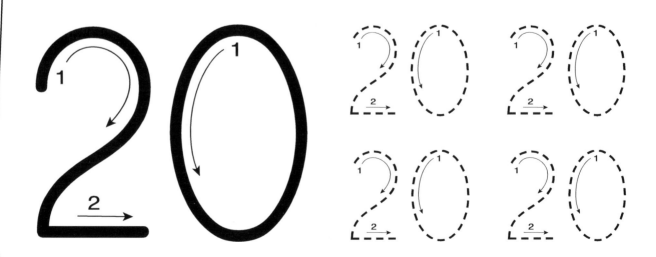

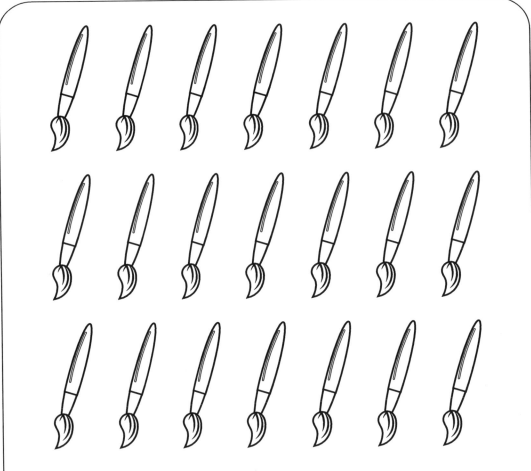

21 paintbrushes

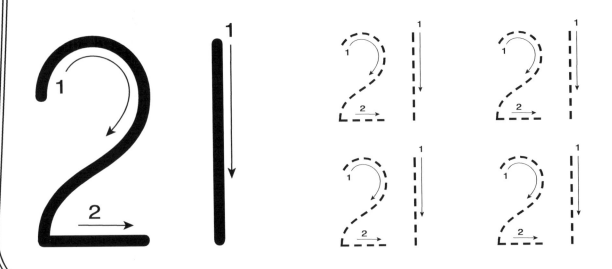

twenty-one

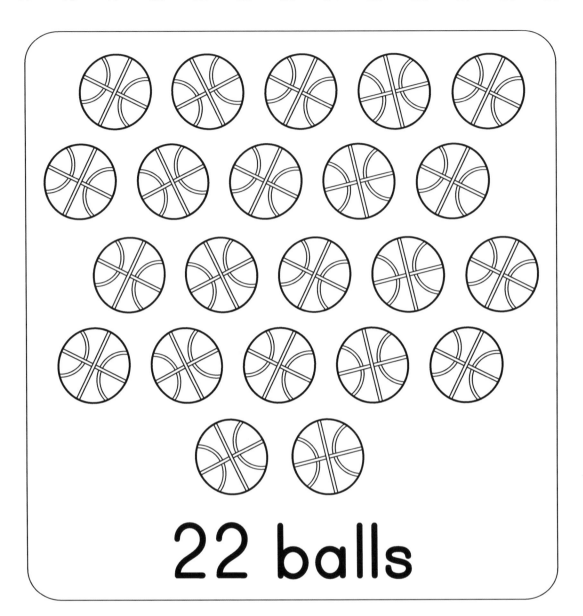

22 balls

22 twenty-two

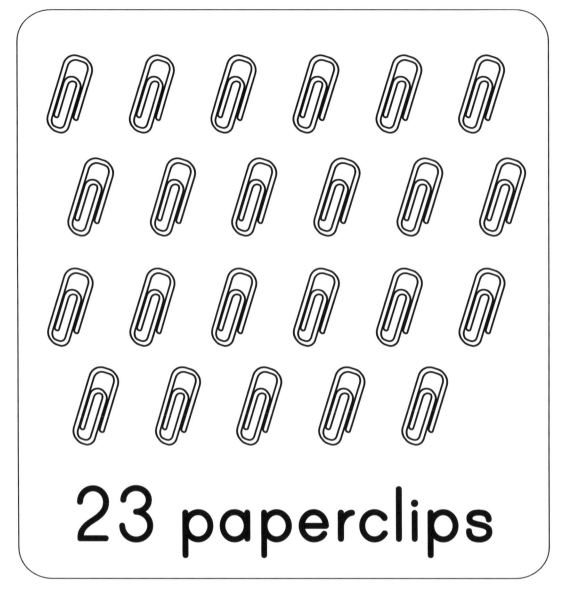

23 paperclips

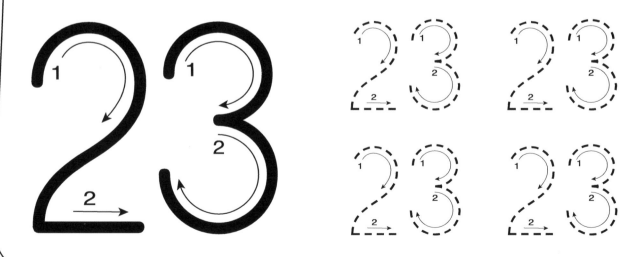

twenty-three

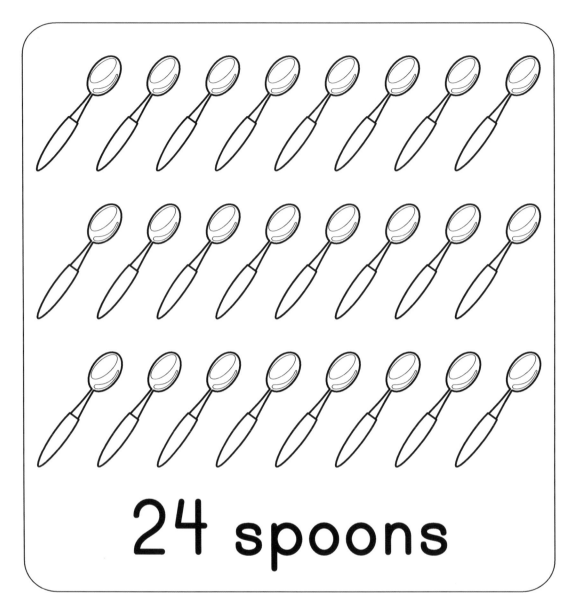

24 spoons

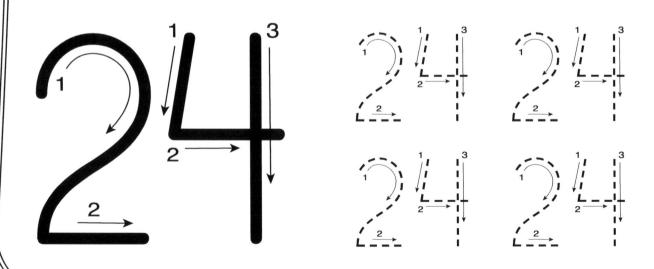

twenty-four

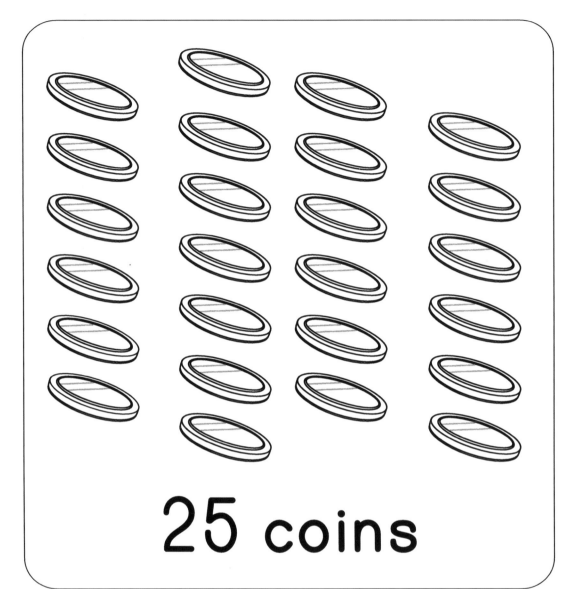

25 coins

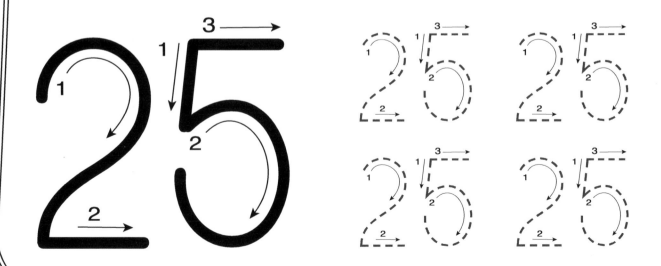

25   twenty-five

25   25   25   25   25   25   25

25   25   25   25   25   25   25

25   25   25   25   25   25   25

25   25   25   25   25   25   25

25   25   25   25   25   25   25

25   25   25   25   25   25   25

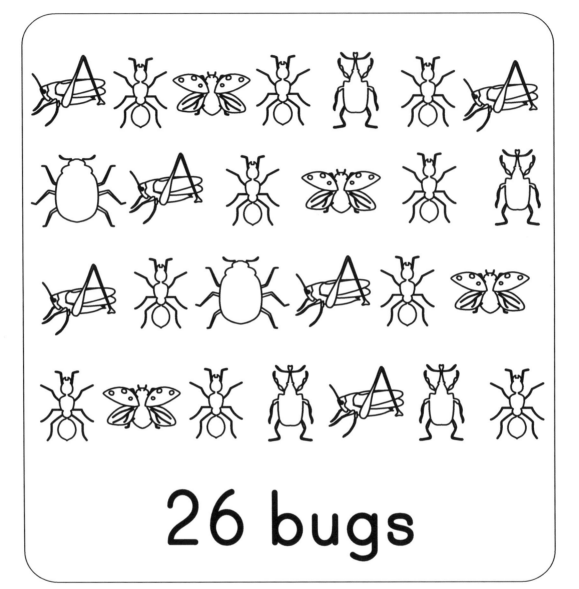

26 bugs

twenty-six

27 stars

twenty-seven

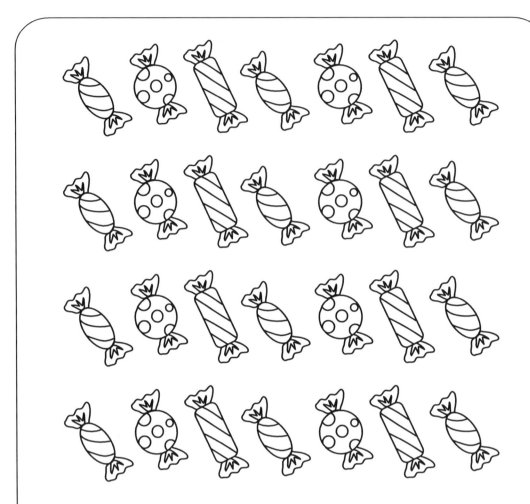

28 candies

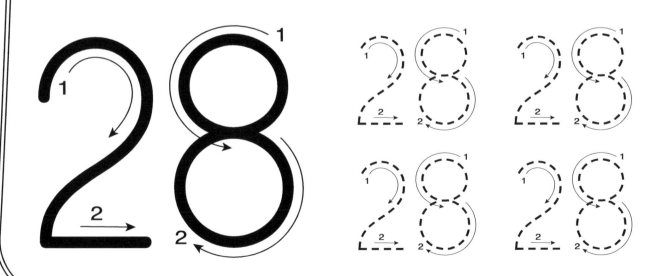

twenty-eight

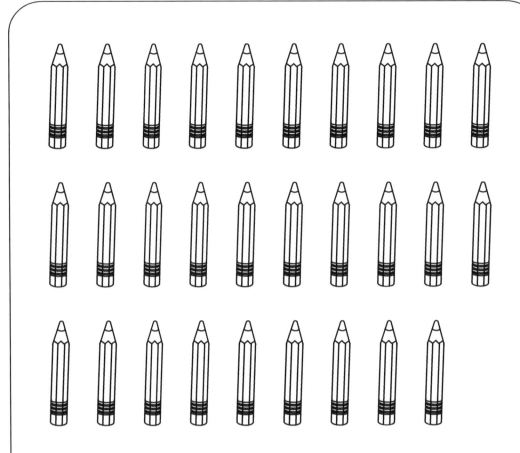

29 pencils

twenty-nine

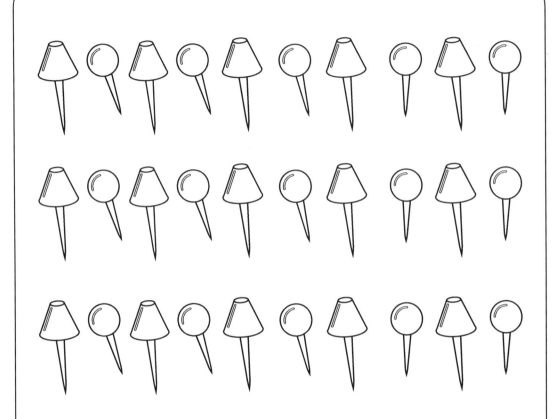

30 push pins

30   thirty

Printed in Great Britain
by Amazon